Saque de Tenis de Súperman

Saque como un profesional!

Por

Joseph Correa

"Su mejor saque está a tan sólo unos ejercicios!"

DERECHOS DEL AUTOR

© 2016 Finibi Inc

Todos los derechos reservados.

Este libro o cualquiera de sus partes no podrá ser reproducido o utilizado de ninguna forma sin el expreso consentimiento por escrito del editor excepto por breves citaciones para reseñas del libro.

El escaneado, subida y distribución de este libro por medio de la Internet o cualquier otro medio sin el expreso consentimiento del editor o autor es ilegal y podrá ser sancionada por la ley. Sólo compre ediciones autorizadas de este libro. Por favor, consulte con su médico antes de entrenar y utilizar este libro.

DEDICATORIA

Este libro está dedicado a mi familia por estar siempre conmigo sin importar la situación.

ACERCA DEL AUTOR

Hola, mi nombre es Joseph Correa y he estado entrenando y enseñando tenis por más de 15 años. He jugado al tenis profesionalmente por años y soy ahora entrenador profesional certificado por el USPTR (Registro Profesional de tenis de los Estados Unidos).

Luego de años de competir y entrenar con algunos de los mejores del mundo he aprendido que la mayoría de la gente puede ser muy exitosa en la competencia con un correcto entrenamiento mental, físico y emocional.

Está científicamente comprobado que se deben realizar técnicas, ejercicios y etapas paso a paso para alcanzar su máximo potencial y por esa razón, he preparado el primer grupo de DVDs y libros de entrenamiento que muestran como alcanzar sus objetivos.

Con la ayuda de mi trabajo y enseñanza, he ayudado a que cientos de jugadores de tenis, principiantes y profesionales, avancen en sus objetivos físicos, mentales y de rendimiento para obtener grandes resultados.

Le enseño todo lo que necesita para alcanzar sus objetivos y espero que disfrute y comparta estas lecciones e ideas con aquellos a quienes ama. Para conocer más acerca de las lecciones enseñadas en mis libros y DVDs visite: tennisvideostore.com. Muchos más libros serán publicados este año con ejercicios y técnicas avanzadas.

TABLA DE CONTENIDOS

Derechos del Autor

Dedicatoria

Acerca del Autor

Materiales necesarios y preparación

Parte 1: Cómo realizar los ejercicios para el saque de súperman

Parte 2: Interprete los cuadros de saque de súperman

Parte 3: Seis consejos para un saque más rápido

12 Consejos más para mejorar su juego

Más títulos por Joseph Correa

Saque de Tenis de Súperman

Saque como un profesional!

Por

Joseph Correa

"Su mejor saque está a tan sólo unos ejercicios!"

PARTE 1

Cómo Realizar Los Ejercicios Para El Saque De Súperman

Este es un ejercicio de entrenamiento que produce resultados y lo ayudará a hacer saques 10 a 20 millas por hora más rápido que lo que solía hacerlo antes de comenzar este programa. Recuerde que hay un número de cosas que contribuyen a tener un mejor saque. Las iremos repasando una a la vez. Recuerde trabajar durante el programa para que el programa le funcione. En otras palabras, siga los cuadros y el manual de instrucciones sin saltear pasos o días en el calendario de entrenamiento, así podrá ver sus resultados.

LO QUE NECESITARÁ

Usted necesitará:

- ✓ 1 RAQUETA DE TENIS (PREFERENTEMENTE LA SUYA)
- ✓ 10 PELOTAS DE TENIS (DE CUALQUIER TIPO)
- ✓ 1 PELOTA QUE REBOTE
- ✓ 1 BANDA ELÁSTICA PARA EJERCICIOS
- ✓ VESTIMENTA DE TENIS (PRENDAS DEPORTIVAS CÓMODAS)
- ✓ CANCHA DE TENIS

Para lograr un saque más fuerte debe tener 6 elementos básicos que trabajarán juntos como un equipo. En este caso, nos concentraremos en 6 ejercicios realizados en diferentes deportes pero utilizados de manera similar al saque de tenis.

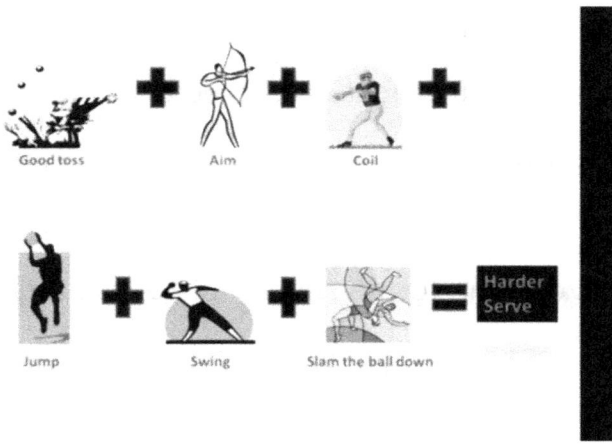

Tener un buen lanzamiento, tal como lo hace un malabarista, es el primer elemento y el más importante.

Tener un buen lanzamiento equivale a tener el potencial de un buen saque y tener un mal lanzamiento es equivalente a no lograr nunca un buen saque. Sólo basta con pensarlo, si usted desea alcanzar una velocidad de saque mayor que lo normal, entonces debe asegurarse que la pelota esté en el lugar correcto en el momento del impacto.

El segundo elemento es la puntería. Si desea tener puntería como un arquero, se requiere una postura apropiada. En el tenis, una postura correcta se obtiene al sostener "una posición de trofeo de tenis" antes de comenzar su aceleración. Busque un trofeo de tenis y copie su forma. Verá una forma similar a la de un arquero pero dirigida hacia arriba con una profunda flexión de rodillas.

El tercer elemento es enrollarse antes de golpear la pelota. La mayoría de los jugadores de defensa en el fútbol tiene un poder increíble de lanzamiento y la razón principal del por qué pueden generar tanta aceleración se debe a su posición de espiral. Practique girar sus hombros más hacia los costados así podrá girar hacia la pelota y utilizar la parte superior de su cuerpo en un segundo (o tan rápido como pueda, una fracción de segundo sería lo ideal).

El cuarto elemento es el salto. Aquí es donde los tenistas más avanzados obtienen velocidad adicional en sus saques. Los jugadores de basquetbol son los mejores creando poderosos y rápidos saltos verticales. Usted debería aprender y aplicar a su saque este factor importante para conseguir los resultados que desea a pesar de que puede llevarle algún tiempo aprender a incorporar el salto y el balanceo al mismo tiempo.

El quinto elemento es la aceleración del balanceo. Utilizamos el lanzamiento de un beisbolista para comprender la técnica fundamental que existe detrás de un buen movimiento de tiro, ya que es muy similar al movimiento del brazo del tenista cuando balancea su raqueta de tenis creando la aceleración necesaria. Al mejorar su saque, mejorará también su balanceo. Trabajará mucho esto durante el programa de entrenamiento así podrá lanzar más y más lejos cada vez, lo que equivale a un saque más fuerte.

El sexto elemento es "derribar la pelota". Tan importante como es empujarse hacia arriba hasta la pelota, es necesario completar la otra mitad de la ecuación que sería crear tanta fuerza hacia abajo con ambos brazos y el torso de su cuerpo como sea posible para impactar con la pelota mientras mantiene su cabeza hacia arriba logrando el contacto visual.

Estos son los 6 ejercicios de entrenamiento de saques que usted practicará:

1- Lanzamiento de la pelota de tenis
2- Aceleraciones de saque
3- Saltos agazapados
4- Lanzamiento de pelota rebotadora
5- Banda triangular
6- Saques completos

Los lanzamientos de pelotas de tenis deberían ser realizados con un movimiento relajado tal como lo hace un lanzador de beisbol. Comience con su peso sobre su pie trasero y termine con su peso sobre su pie derecho (para un diestro, para un zurdo sería al revés). Intente asegurarse de que su codo está flexionado ya que un lanzamiento con el brazo recto, le podría provocar una lesión en su hombro. Utilice su brazo derecho para ayudarse a girar más rápidamente hacia la izquierda mientras hace el lanzamiento. Estará implementando un tironeo similar con el brazo izquierdo cuando haga un saque pero será desde un ángulo vertical hacia abajo a la vez que comience a impactar contra la pelota.

Las aceleraciones de saque son la espina dorsal de esta serie de ejercicios, por lo tanto debe asegurarse de realizarlas correctamente. Utilizar las aceleraciones de saque en el pre-calentamiento previo al saque es muy efectivo y reducirá lesiones en los hombros, codos y muñecas. Las aceleraciones de saque son balanceos de servicio que usted realizará sin pelota, lo que significa que usted en realidad está haciendo un balanceo en el aire y creando un silbido cuando comienza a hacerlo más rápidamente. La fricción entre su raqueta y el aire generan este silbido. Prepárese para un saque normal, incluyendo su salto y complete el saque. Termine por pisar frente a la línea de fondo. Siempre termine frente a la línea de fondo. NO SALTE HACIA ATRÁS! Si salta hacia atrás nunca aprenderá a utilizar el peso de su cuerpo para incrementar la velocidad de su saque.

Los saltos agazapados son ejercicios muy simples que pueden ser realizados en la cancha pero es mejor si los realiza sobre el césped o una superficie más blanda para minimizar el impacto sobre las rodillas. También necesita calzado cómodo que pueda absorber el impacto tanto como sea posible.

Flexione sus rodillas con sus piernas separadas y su cadera y glúteos hacia atrás y abajo hacia el suelo sin permitir que sus rodillas se inclinen hacia adelante (como si estuviera por sentarse en una silla!)

Si va hacia adelante con sus rodillas esto le causará una tensión innecesaria y si mantiene sus rodillas juntas, esto lastimará sus articulaciones y ligamentos, así que manténgase lejos de estas dos acciones. Utilice sus brazos para lanzarse hacia arriba mientras salta en el aire. Cuando aterrice sobre el suelo, coloque sus pies juntos para reducir el impacto cada vez que realice este ejercicio.

Al repetir los saltos agazapados cada semana notará que estará saltando más alto y esto equivale a mayor impulso en sus brazos. La fuerza adicional en sus piernas le ayudará, no solo a mejorar su aceleración pero también le dará un punto de impacto más alto, lo que hará que logre más saques dentro de la cancha.

Los lanzamientos con pelota rebotadora deben ser realizados con una pelota que sea acorde a su nivel de fuerza. No utilice una pelota de más de 20 libras ya que hará que su saque sea más lento en lugar de más rápido. Pruebe con diferentes pelotas para saber cuál es la más adecuada para usted. Elija una basándose en la cantidad de repeticiones que puede ver en el cuadro que podrá completar con la técnica apropiada. Una buena forma lo es todo. Usted desea reforzar los músculos correctos cada vez que realiza los ejercicios. Debería comenzar con la pelota detrás de la cabeza y los codos flexionados. Flexione sus rodillas y lance la pelota hacia abajo para que rebote hasta el nivel de sus hombros. Atrape la pelota y repita el ejercicio tantas veces como lo indique el cuadro.

El entrenamiento de banda triangular es avanzado y debe ser realizado adecuadamente para obtener los máximos resultados. Comience por apoyarse sobre su rodilla derecha si usted es diestro (y lo opuesto para jugadores zurdos).

Luego, ubique la banda elástica alrededor de un objeto fijo, como una reja, un árbol, el poste de la red u otro. Tome la banda con su mano derecha y flexiones su codo para completar un movimiento de tire y empuje con su brazo derecho tal como lo haría cuando hace un saque.

Al mismo tiempo tire su codo izquierdo hacia sus costillas del lado izquierdo para sentir como se contraen y luego vuelva al punto inicial que no debería presentar ninguna resistencia en su mano derecha o izquierda, y luego repita tantas veces como indica el cuadro de entrenamiento. Busque una banda elástica que sea la adecuada para usted.

Un saque complete requiere que usted realice tantos saques como especifica el cuadro de entrenamiento. Intente empujar y tirar con todos los músculos que trabajó previamente en los últimos 5 ejercicios del programa de entrenamiento. En otras palabras, usted quiere asegurarse de estar saltando, enroscándose, acelerando, balanceándose y derribando la pelota en cada saque. Su objetivo debería ser trabajar todas las piezas de su saque en forma separada y luego en el sexto ejercicio practicarlas todas juntas logrando un saque más rápido y fuerte.

Los 6 ejercicios deberán ser realizados en el mismo orden con tantas repeticiones como lo indiquen los cuadros de ejercitación. No altere ni cambie el orden, cantidad, técnica o posición en que se supone debe completarlos ya que podría cambiar los resultados negativamente.

Saque de Tenis de Súperman

PARTE 2

Interprete Los Cuadros De Saque De Súperman

Revise cada cuadro y determine dos cosas:

1- En qué etapa del entrenamiento se encuentra? El <u>estado de competición</u> es cuando usted está en medio de una competencia. El estado de <u>Pre-Competencia</u> es cuando usted se encuentra a pocos meses de una competencia. <u>Fuera de temporada</u> es el tercer estado y es cuando no está compitiendo ni en pre-competencia. Cada uno de los cuadros es para un estado específico de la competición por lo tanto debe asegurarse cuál nivel le corresponde ya que el nivel de dificultad de cada cuadro cambia drásticamente.

2- ¿Cuál es su nivel de jugador de tenis? Principiante, Intermedio o Avanzado. Cada nivel afectará la dificultad y las repeticiones para cada ejercicio. Si encuentra un nivel demasiado difícil siempre puede descender un nivel e ir ascendiendo de nivel a medida que vaya mejorando su habilidad y fuerza.

Una vez que tenga en claro estas dos cosas, vaya al cuadro y vea cuál es el más propicio para usted para comenzar su entrenamiento.

SIEMPRE REALICE UN PRE-CALENTAMIENTO ANTES DE COMENZAR CON LOS EJERCICIOS DE SAQUE DE TENIS DE SÚPERMAN!

LOS CUADROS DE ENTRENAMIENTO DE SAQUE DE SÚPERMAN

Cronograma de entrenamiento para mejorar su saque

Saque de Tenis de Súperman

Workout training Chart — WWW.SERVEHARDER.COM — Pre-Competition

MONTH 1

3 SERIES EACH

	MONDAY			TUESDAY			WEDNESDAY			THURSDAY			FRIDAY			SATURDAY			SUNDAY		
Serve Harder Training Repetitions	Beg	Interm	Adv	Beg	Interm	Adv	Beg	Interm	Adv	Beg	Interm	Adv	Beg	Interm	Adv	Beg	Interm	Adv	Beg	Interm	Adv
Ball Throws	10	12	15	10	15	20	10	12	15	10	15	20	10	12	15	TOURNAMENT OR REST			TOURNAMENT OR SERVES		
Accelerations	10	12	15	10	15	20	10	12	15	10	15	20	10	12	15						
Squat Jumps	10	15	18	REST			10	15	18	REST			10	15	18						
Medicine Ball Slams	8	10	12				8	10	12				8	10	12						
Band Triangle	10	15	20				10	15	20				10	15	20						
Complete Serves																30	50	80			

MONTH 2

YOU SHOULD BE SERVING AT LEAST 10 MPH FASTER. IF YOU WANT TO REACH PAST 10 MPH COMPLETE MONTH 3.

3 SERIES EACH

	MONDAY			TUESDAY			WEDNESDAY			THURSDAY			FRIDAY			SATURDAY			SUNDAY		
Serve Harder Training Repetitions	Beg	Interm	Adv	Beg	Interm	Adv	Beg	Interm	Adv	Beg	Interm	Adv	Beg	Interm	Adv	Beg	Interm	Adv	Beg	Interm	Adv
Ball Throws	12	15	20	15	20	25	12	15	20	15	20	25	12	15	20	TOURNAMENT OR REST			TOURNAMENT OR SERVES		
Accelerations	15	20	25	20	25	30	15	20	25	20	25	30	15	20	25						
Squat Jumps	12	15	20	REST			12	15	20	REST			12	15	20						
Medicine Ball Slams	10	12	15				10	12	15				10	12	15						
Band Triangle	15	20	25				15	20	25				15	20	25						
Complete Serves																40	70	110			

MONTH 3

CONGRATS YOU SHOULD BE PAST 20 MPH FROM YOUR ORIGINAL SERVICE SPEED! YOU WILL BE SERVING HARDER THAN EVER BEFORE! MAKE SURE TO WARM UP BEFORE AND STRETCH AFTER TRAINING TO PREVENT INJURIES.

3 SERIES EACH

	MONDAY			TUESDAY			WEDNESDAY			THURSDAY			FRIDAY			SATURDAY			SUNDAY		
Serve Harder Training Repetitions	Beg	Interm	Adv	Beg	Interm	Adv	Beg	Interm	Adv	Beg	Interm	Adv	Beg	Interm	Adv	Beg	Interm	Adv	Beg	Interm	Adv
Ball Throws	15	20	25	20	25	30	15	20	25	20	25	30	15	20	25	TOURNAMENT OR REST			TOURNAMENT OR ONLY 1 SERIES		
Accelerations	20	25	30	25	30	35	20	25	30	25	30	35	20	25	30						
Squat Jumps	20	25	30	REST			20	25	30	REST			20	25	30						
Medicine Ball Slams	12	15	20				12	15	20				12	15	20						
Band Triangle	20	25	30				20	25	30				20	25	30						
Complete Serves																60	90	150			

Plan a tournament around this week as you should be performing at your best.

Tournament

33

Saque de Tenis de Súperman

Workout training Chart — WWW.SERVEHARDER.COM — During Off Season

MONTH 1

3 SERIES EACH	MONDAY Serve Harder Training				TUESDAY Serve Harder Training				WEDNESDAY Serve Harder Training				THURSDAY Serve Harder Training				FRIDAY Serve Harder Training				SATURDAY Serve Harder Training				SUNDAY Serve Harder Training			
	Beg	Interm Repetitions		Adv	Beg	Interm Repetitions		Adv	Beg	Interm Repetitions		Adv	Beg	Interm Repetitions		Adv	Beg	Interm Repetitions		Adv	Beg	Interm Repetitions		Adv	Beg	Interm Repetitions		Adv
Ball Throws	10	12		15	10	12		15	10	12		15	10	12		15	10	12		15								
Accelerations	12	15		18	12	15		18	12	15		18	12	15		18	12	15		18								
Squat Jumps	10	15		20	10	15		20	10	15		20	10	15		20	10	15		20		TOURNAMENT OR REST						
Medicine Ball Slams	10	15		18	10	15		18	10	15		18	10	15		18	10	15		18								
Band Triangle	10	12		15	10	12		15	10	12		15	10	12		15	10	12		15						ONLY 1 SERIES		
Complete Serves	20	30		40	20	30		40	20	30		40	20	30		40	20	30		40					30	50		80

MONTH 2

3 SERIES EACH	MONDAY Serve Harder Training				TUESDAY Serve Harder Training				WEDNESDAY Serve Harder Training				THURSDAY Serve Harder Training				FRIDAY Serve Harder Training				SATURDAY Serve Harder Training				SUNDAY Serve Harder Training			
	Beg	Interm Repetitions		Adv	Beg	Interm Repetitions		Adv	Beg	Interm Repetitions		Adv	Beg	Interm Repetitions		Adv	Beg	Interm Repetitions		Adv	Beg	Interm Repetitions		Adv	Beg	Interm Repetitions		Adv
Ball Throws	12	15		20	12	15		20	12	15		20	12	15		20	12	15		20								
Accelerations	15	20		25	15	20		25	15	20		25	15	20		25	15	20		25		TOURNAMENT OR REST						
Squat Jumps	15	20		25		REST			15	20		25		REST			15	20		25								
Medicine Ball Slams	15	20		25					15	20		25					15	20		25								
Band Triangle	12	15		20	12	15		20	12	15		20	12	15		20	12	15		20						ONLY 1 SERIES		
Complete Serves	25	35		45	25	35		45	25	35		45	25	35		45	25	35		45					40	70		110

MONTH 3

3 SERIES EACH	MONDAY Serve Harder Training				TUESDAY Serve Harder Training				WEDNESDAY Serve Harder Training				THURSDAY Serve Harder Training				FRIDAY Serve Harder Training				SATURDAY Serve Harder Training				SUNDAY Serve Harder Training			
	Beg	Interm Repetitions		Adv	Beg	Interm Repetitions		Adv	Beg	Interm Repetitions		Adv	Beg	Interm Repetitions		Adv	Beg	Interm Repetitions		Adv	Beg	Interm Repetitions		Adv	Beg	Interm Repetitions		Adv
Ball Throws	13	16		21	13	16		21	13	16		21	13	16		21	13	16		21								
Accelerations	20	25		30	20	25		30	20	25		30	20	25		30	20	25		30		TOURNAMENT OR REST						
Squat Jumps	20	25		35		REST			20	25		35		REST			20	25		35								
Medicine Ball Slams	20	25		30	20	25		30	20	25		30	20	25		30	20	25		30								
Band Triangle	15	18		25	15	18		25	15	18		25	15	18		25	15	18		25						ONLY 1 SERIES		
Complete Serves	35	45		60	35	45		60	35	45		60	35	45		60	35	45		60					60	90		150

YOU SHOULD BE SERVING AT LEAST 10 MPH FASTER. IF YOU WANT TO REACH PAST 10 MPH COMPLETE MONTH 3.

Plan a tournament around this week as you should be performing at your best Tournament

CONGRATS YOU SHOULD BE PAST 20 MPH FROM YOUR ORIGINAL SERVICE SPEED! YOU WILL BE SERVING HARDER THAN EVER BEFORE! MAKE SURE TO WARM UP BEFORE AND STRETCH AFTER TRAINING TO PREVENT INJURIES.

Saque de Tenis de Súperman

Workout training Chart — WWW.SERVEHARDER.COM — During Competition

MONTH 1

3 SERIES EACH

	MONDAY Serve Harder Training Repetitions			TUESDAY Serve Harder Training Repetitions			WEDNESDAY Serve Harder Training Repetitions			THURSDAY Serve Harder Training Repetitions			FRIDAY Serve Harder Training Repetitions			SATURDAY Serve Harder Training Repetitions			SUNDAY Serve Harder Training Repetitions		
	Beg	Interm	Adv	Beg	Interm	Adv	Beg	Interm	Adv	Beg	Interm	Adv	Beg	Interm	Adv	Beg	Interm	Adv	Beg	Interm	Adv
Ball Throws	10	12	14				10	12	14				10	12	14						
Accelerations	6	8	10				6	8	10				6	8	10						
Squat Jumps	5	7	10		REST		5	7	10		REST		5	7	10		REST				
Medicine Ball Slams	5	8	10				5	8	10				5	8	10						
Band Triangle	10	10	10				10	10	10				10	10	10						
Complete Serves	10	15	20				10	15	20				10	15	20						

MONTH 2

3 SERIES EACH

	MONDAY Serve Harder Training Repetitions			TUESDAY Serve Harder Training Repetitions			WEDNESDAY Serve Harder Training Repetitions			THURSDAY Serve Harder Training Repetitions			FRIDAY Serve Harder Training Repetitions			SATURDAY Serve Harder Training Repetitions			SUNDAY Serve Harder Training Repetitions		
	Beg	Interm	Adv	Beg	Interm	Adv	Beg	Interm	Adv	Beg	Interm	Adv	Beg	Interm	Adv	Beg	Interm	Adv	Beg	Interm	Adv
Ball Throws	8	10	12	8	10	12	8	10	12	8	10	12	8	10	12						
Accelerations	7	9	12	7	9	12	7	9	12	7	9	12	7	9	12						
Squat Jumps	6	8	12	6	8	12	6	8	12	6	8	12	6	8	12	REST			TOURNAMENT OR SERVES		
Medicine Ball Slams	6	8	12	6	8	12	6	8	12	6	8	12	6	8	12						
Band Triangle	12	12	12	12	12	12	12	12	12	12	12	12	12	12	12						
Complete Serves	10	15	20	10	15	20	10	15	20	10	15	20	10	15	20						

MONTH 3

3 SERIES EACH

	MONDAY Serve Harder Training Repetitions			TUESDAY Serve Harder Training Repetitions			WEDNESDAY Serve Harder Training Repetitions			THURSDAY Serve Harder Training Repetitions			FRIDAY Serve Harder Training Repetitions			SATURDAY Serve Harder Training Repetitions			SUNDAY Serve Harder Training Repetitions		
	Beg	Interm	Adv	Beg	Interm	Adv	Beg	Interm	Adv	Beg	Interm	Adv	Beg	Interm	Adv	Beg	Interm	Adv	Beg	Interm	Adv
Ball Throws	10	12	14	10	12	14	10	12	14	10	12	14	10	12	14						
Accelerations	8	10	13	8	10	13	8	10	13	8	10	13	8	10	13						
Squat Jumps	8	10	14	8	REST	14	8	10	14	8	10	14	8	10	14	TOURNAMENT OR REST			TOURNAMENT OR SERVES		
Medicine Ball Slams	8	10	14	8	10	14	8	10	14	8	10	14	8	10	14						
Band Triangle	14	14	14	14	14	14	14	14	14	14	14	14	14	14	14						
Complete Serves	10	15	20	10	15	20	10	15	20	10	15	20	10	15	20						

YOU SHOULD BE SERVING ATLEAST 10 MPH FASTER. IF YOU WANT TO REACH PAST 10 TO 20 MPH COMPLETE MONTH 3.

Plan a tournament around this week as you should be performing at your best.
Tournament

CONGRATS YOU SHOULD BE PAST 20 MPH FROM YOUR ORIGINAL SERVICE SPEED! YOU WILL BE SERVING HARDER THAN EVER BEFORE! MAKE SURE TO WARM UP BEFORE AND STRETCH AFTER TRAINING TO PREVENT INJURIES.

LAS 3 ETAPAS DEL SAQUE DE SÚPERMAN

DURANTE LA COMPETENCIA

Esta sería cuando usted está compitiendo contra otro tenista y está realizando saques adicionales fuera del programa.

FUERA DE TEMPORADA

En esta etapa usted no está compitiendo y puede trabajar tan duro como lo desee sin sacrificar resultados de partidos.

ETAPA DE PRE-COMPETENCIA

En esta etapa usted se está preparando para la competencia y deberá estar en su mejor estado. Esto podría ser 1, 2 o 3 meses antes de un evento.

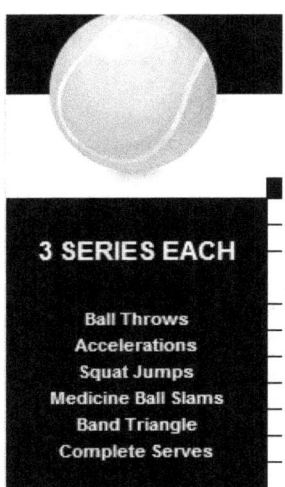

Estos son los 6 ejercicios que usted realizará durante el entrenamiento. Debe realizar 3 series de cada uno.

MONDAY		
Serve Harder Training		
Repetitions		
Beg.	Interm.	Adv.
6	8	10
10	10	10
5	7	10
5	8	10
10	10	10
10	15	20

MONDAY		
Serve Harder Training		
Repetitions		
Beg.	Interm.	Adv.
	REST	

Esta es la descripción de una sesión de entrenamiento para un día lunes en una semana y la siguiente.

El primer lunes está dividido en Principiante, Intermedio y Avanzado. Luego, verá cuántas repeticiones deberá completar dependiendo de su nivel. El lunes siguiente representa un día de descanso en el que no realizará ningún entrenamiento de saques.

SUNDAY		
Serve Harder Training		
Repetitions		
Beg.	Interm.	Adv.
TOURNAMENT OR SERVES		
ONLY 1 SERIES		
30	50	80

Este es el ejemplo de un día del fin de semana cuando usted podría tener un torneo. En este caso, usted no practicaría saques. Pero, de lo contrario, si usted no tiene una competencia en ese día, usted solo realizará una serie de saques basados en su nivel de juego.

MONTH 1 — THURSDAY

Serve Harder Training

Beg.	Interm.	Adv.
	REST	

MONTH 2 — THURSDAY

Serve Harder Training

Repetitions

Beg.	Interm.	Adv.
8	10	12
12	12	12
7	9	12
6	8	12
12	12	12
10	15	20

Esta parte del cuadro muestra el MES 1 y el MES 2. Asegúrese de no saltear meses y seguir los cuadros según lo indicado.

MONTH 1 — 3 SERIES EACH

	MONDAY			TUESDAY			WEDNESDAY			THURSDAY			FRIDAY			SATURDAY			SUNDAY		
	Serve Harder Training			Serve Harder Training			Serve Harder Training			Serve Harder Training			Serve Harder Training			Serve Harder Training			Serve Harder Training		
	Repetitions			Repetitions			Repetitions			Repetitions			Repetitions			Repetitions			Repetitions		
	Beg.	Interm.	Adv.	Beg.	Interm.	Adv.	Beg.	Interm.	Adv.	Beg.	Interm.	Adv.	Beg.	Interm.	Adv.	Beg.	Interm.	Adv.	Beg.	Interm.	Adv.
Ball Throws	6	8	10				6	8	10				6	8	10	TOURNAMENT OR REST			TOURNAMENT OR SERVES		
Accelerations	10	10	10				10	10	10				10	10	10						
Squat Jumps	5	7	10	REST			5	7	10	REST			5	7	10						
Medicine Ball Slams	5	8	10				5	8	10				5	8	10						
Band Triangle	10	10	10				10	10	10				10	10	10						
Complete Serves	10	15	20				10	15	20				10	15	20						

Esta parte en uno de los cuadros muestra la semana completa de entrenamiento incluyendo los días de descanso. En los días de descanso usted debería descansar su hombro así podrá continuar trabajando duro el próximo día de entrenamiento.

PARTE 3

Seis Consejos Para Un Saque Más Rápido

CONSEJO#1

IMPACTE LA PELOTA FRENTE A LA LÍNEA DE FONDO

Ningún saque alcanzará su velocidad máxima si golpea la pelota detrás de usted. Aunque usted pueda sentirse cómodo haciendo las cosas de manera equivocada, sigue siendo la forma errónea y necesita ser corregido. Las viejas rutinas deben ser reemplazadas por rutinas mejores y más nuevas. De esta forma alcanzará su máximo potencial. Luego de completar un saque su cuerpo completo debe abalanzarse hacia adelante habiendo pasado la línea de fondo, lo que habrá logrado lanzando la pelota delante de usted. Al lanzar su cuerpo hacia adelante cuando realiza el saque, no solo prevendrá lesiones sino que también generará mayor fuerza que si lo hace solo con el brazo. La mayoría de las lesiones por saque ocurren luego de un mal lanzamiento de pelota, usualmente detrás del punto ideal de contacto.

CONSEJO #2

INCLINACIÓN DE MUÑECA

La mayoría de las personas no suelen notar uno de los elementos más importantes en un saque rápido. Luego del saque, la pelota atraviesa dos etapas: la primera es posterior al impacto, la pelota adquiere una velocidad inicial luego del impacto en el aire, y la segunda es la velocidad que adquiere la pelota una vez que impacta sobre el suelo del lado de su oponente. Puede ocurrir una de dos cosas: su saque golpea el suelo y comienza a perder velocidad, que es lo más común, o la pelota golpea el piso y mantiene o incrementa su velocidad. ¿Cómo es esto posible? Aquí es donde la inclinación de su muñeca entra en juego. Justo en el momento en el que tuerce su muñeca para impactar la pelota debe asegurarse que su muñeca gire hacia abajo y a la izquierda para que la cara de su raqueta quede en posición perpendicular a la cancha (con su pulgar derecho apuntando hacia abajo, si usted es diestro) en lugar de hacia el frente y luego llevar su brazo hacia abajo del lado opuesto de su cadera.

CONSEJO#3

CONECTE SUS PIES CON SUS MANOS

Para poder lograr generar energía real, usted debe utilizar todo su cuerpo. El punto inicial son sus pies. Practique agregar un salto fuerte comenzando por sus piernas. Experimente distintos tipos de saltos, ya sea con sus pies juntos, separados, o juntándolos cuando se prepara para impactar la pelota y observe cuál le ayuda a alejarse del suelo mejor. Aquel salto que le permita saltar más alto o golpear más fuerte será el tipo de salto que le beneficiará para incrementar la velocidad de su mano, ya que cada saque es una reacción en cadena que tiene un comienzo y un fin. Todo comienza con sus piernas.

CONSEJO #4

BIOMECÁNICA SEGURA

La biomecánica de un saque es la base para un buen saque. Básicamente significa que tan eficientemente su cuerpo se conecta con cada una del resto de las partes del cuerpo para crear un movimiento de saque suave y sin esfuerzo. Tener una buena técnica de saque es la única forma en que alcanzará que su saque supere un velocidad de 100 mph. Asegúrese de tener un buen entrenador que lo acompañe. Este programa de entrenamiento es personalizado, por lo tanto realice las preguntas necesarias y obtenga el máximo provecho de él.

CONSEJO #5

MANTENGA SU CABEZA Y MENTÓN ARRIBA

Al mantener su cabeza y mentón hacia arriba durante el movimiento de saque usted está facilitando dos cosas muy importantes: en primer lugar, usted se permite observar la pelota por más tiempo lo que le garantizará impactar la pelota de forma limpia lo que equivale a un servicio más rápido inmediatamente, y, en segundo lugar, le ayudará a mantener su brazo izquierdo arriba así podrá usarlo para tirar hacia abajo en el momento justo y generar una rotación del cuerpo correcta. Una buena forma es esencial. Recuerde mantener su cabeza hacia arriba manteniendo su brazo izquierdo en alto (si usted es diestro y lo opuesto si usted es zurdo) tanto tiempo como pueda par mantener un buen encuadre de su cuerpo.

CONSEJO #6

IMPACTE LA PELOTA EN LA PARTE MÁS ALTA DE LAS CUERDAS

La mayoría de la gente no se detiene a ver en qué parte de las cuerdas de la raqueta impacta la pelota, por eso pierden potencial que podría agregarle mph a sus saques. Debería luchar siempre para golpear la pelota en la parte más alta de las cuerdas para crear mayor impulso en su balanceo. Poco contacto en las cuerdas no generará aceleración cuando una pelota impacta en la parte superior de la raqueta. Revise su raqueta para ver dónde quedan más pelusas de su pelota de tenis y trate de encontrar el punto ideal de impacto. Trabaje en esto hasta encontrar el punto justo. Además, debe crear un círculo más amplio con su balanceo estirando su brazo hacia afuera. Esto también es parte del concepto de impulso, así que asegúrese de no impactar la pelota con su codo rígido y recto. Manténgase relajado balancéese libremente con acompañando la pelota. Usar el impulso como herramienta para incrementar la velocidad de su saque le permitirá alcanzar los resultados que desea más rápidamente.

12 CONSEJOS MÁS PARA MEJORAR SU JUEGO DE TENIS

CONSEJO #1: Lanza la pelota más alto en tu saque

La mayoría de las personas culpan a su brazo golpeador por sus errores pero la mayoría de las veces, esto nada tiene que ver con el balanceo de su brazo. El secreto está en el brazo lanzador.

Los elementos clave para un buen lanzamiento son:

- Mantenga su brazo lanzador relajado y asegúrese de sostener la pelota suavemente. Debería sostener la pelota con las puntas de tus dedos y no con la palma de tu mano.
- Debe trabajar en ubicar la pelota en el aire en lugar de lanzarla al aire. Esto hará su lanzamiento más preciso y consistente.
- El mejor lugar para lanzar la pelota siempre se encuentra un pie hacia delante de su hombro derecho

si estuviera de frente a la cancha y haciendo un saque con o sin efecto. Si estuviera haciendo un saque alto con efecto debería lanzar la pelota detrás de su cabeza o sobre su cabeza, dependiendo del arco que haya creado con su espalda.

Debería practicar su lanzamiento al menos 30 veces antes de golpear la pelota realmente y practicarlo por lo menos 3 veces por semana.

Si su lanzamiento es malo nunca podrá lograr un buen saque, por eso comience a prestarle más atención a su brazo lanzador si desea mejorar su saque.

CONSEJO#2: "Split step" antes de cada tiro

Algunas personas creen que su lentitud requiere corridas más rápidas o corridas de 5 millas pero no saben que se trata de un entrenamiento más inteligente y no más duro.

El "paso separado" no es más que un salto con ambos pies para ayudarlo a prepararse para el ataque de su oponente. Asegúrese de que sus pies se mantengan a una distancia de separación aproximada a la de los hombros para ayudarlo a mantenerse bajo.

El "paso separado" puede realizarse con un salto bajo y rápido o un salto alto y bajo dependiendo de qué tan rápido vaya el punto.

Rápido y corto para peloteos y puntos rápidos. Lento y alto para rebotes altos y más largos, y peloteos más lentos.

Cuándo debería hacer el "paso separado"?

Bien, existe un momento preciso cuando debería hacer el salto. Debería hacer el paso separado cuando su oponente está haciendo contacto con la pelota, para reaccionar lo más pronto posible hacia cualquier dirección que lo requiera.

Cómo se practica el paso separado?

Saltar a la soga con ambos pies juntos ayuda a lograr fuerza y stamina para que no se canse al hacerlo durante el partido.

También puede pararse sobre la línea de base y practicar saltando hacia adelante y hacia atrás con ambos pies al mismo tiempo mientras mantiene sus pies separados a la misma distancia de sus hombros.

El entrenamiento pliométrico o entrenamiento de saltos es muy efectivo también para ayudarlo a mejorar su paso separado y por sobre todo, su capacidad de salto.

Lo importante aquí, es realizar el entrenamiento sobre una superficie suave y no sobreexigirse ya que sus rodillas pagarán un alto precio por ello.

CONSEJO#3: Invierta más tiempo en su punto de contacto

Todos creen estar mirando a la pelota, y lo están, pero no de la forma en que deberían para lograr un contacto claro.

Alguna vez ha notado que los posters de los tenistas profesionales los muestran siempre observando la pelota cuando hacen contacto con ella?

Bueno, eso es porque ellos saben cuán importante es para ellos y para su juego.

El secreto está en aprender a invertir más tiempo y mantener sus ojos en la pelota hasta el punto de contacto y no desviar la mirada demasiado rápido para ver hacia dónde se dirige. Una vez que haya golpeado la pelota ya no puede hacer nada para conducirla dentro de la cancha. Todo lo que importa es el momento en que hace contacto con la pelota.

Intente estas técnicas para ayudarlo a invertir más tiempo en su punto de contacto:

1. Cuando haga contacto con la pelota trate de ver qué número tiene la pelota. Parece una locura pero no crea que es imposible. También puede buscar marcas en la pelota pero intentar ver qué número está en la pelota ya es suficiente desafío.

2. Intente observar la sombra de su raqueta cuando hace contacto con la pelota para determinar si su raqueta se encuentra en el ángulo correcto para hacer que la pelota vaya en la dirección correcta. Para algunas personas podría ser una raqueta derecha mientras que para otros puede ser una raqueta inclinada para un golpe alto con rebote alto o bajo.

Cuando balancea su raqueta sus ojos nunca serán lo suficientemente rápidos para verla quieta pero sí puede ver la sombra o silueta que forma cuando la balancea y aquí es donde debe enfocarse para ayudarlo a mantener sus ojos en el punto de contacto.

3. Un ejercicio difícil pero divertido es conseguir que alguien le alcance algunas pelotas mientras que las golpea pero no podrá ver hacia dónde se dirigen. Sólo puede enfocarse en dónde le pega a la pelota. Abajo, arriba, a un lado, o al medio es lo que usted debe poder responder cada vez que golpea la pelota. Al principio será difícil resistirse y no mirar donde aterrizan las pelotas y si cae dentro o fuera de la cancha, pero con práctica lo irá logrando más fácilmente.

CONSEJO#4: Sigue todos tus golpes de piso

Bajo presión, todos acortamos nuestra terminación de golpe pensando que esto ayudará a mantener la pelota dentro de las líneas con más frecuencia, pero la verdad es que resulta exactamente lo opuesto.

Continuar el golpe es necesario para completar su golpe de tenis. Hacer un medio balanceo sólo le dará un tiro a medias.

Aún más importante, al repetir el balanceo equivocado (no continuando el golpe) lo alentará a hacer lo mismo en un partido o bajo presión.

La mayoría de la gente tiende a seguir un patrón de acortar su balanceo más y más según aumente su nivel de stress. Para cambiar esto, debe comenzar por hacer de esto un hábito siempre, en todos sus golpes de piso y sus saques.

Un buen ejercicio que usted puede practicar para mejorar su continuidad en el balanceo es marcar una X en ambos codos cuando comience a golpear las pelotas. Su pareja de práctica o entrenador debería ser capaz de ver la X cada vez que termina su golpe y de esta manera comprobar que ha continuado el balanceo en su golpe. Este es un gran ejercicio para jugadores que desean mejorar su continuidad de balanceo en situaciones bajo presión.

CONSEJO#5: Trabaje en la consistencia de su saque para ganar más seguido

Servir un as y luego cometer una doble falta lo dejará simplemente donde comenzó. Nuevamente iguales y ese no es el objetivo.

El secreto para mejorar la consistencia de su servicio es comenzar con una velocidad lenta y gradualmente incrementar la velocidad para ser más consistente.

Lograr reducir la cantidad de dobles faltas en un partido, puede tener un efecto importante en los resultados de sus partidos.

Ganar uno o dos juegos extras en lugar de regalarlos en forma de dobles faltas puede significar ganar más partidos.

Los elementos básicos para mejorar la consistencia son:

4. Agregar efecto a su servicio para adicionarle control y dirección.

5. Repetir los mismos movimientos en forma constante. No intente pegarle a la pelota más fuerte cada vez y no cambie sus saques tan seguido que no puede conseguir golpes con rebote bajo o alto por estar variándolos con tanta frecuencia.

6. No se apresure. Rebote la pelota más seguido y respire antes de servir para ayudarlo a tranquilizarse.

El servicio no es una carrera, sino que se trata de embocarla adentro de la cancha lo más seguido posible!

CONSEJO#6: Devuelva más servicios con mejor trabajo de pies

Sus pies están conectados a su cabeza y a su cerebro. Cuanto mejor es su trabajo de pies, mejor reaccionarán sus manos y su cerebro.

Cuando usted se para sobre la línea base para devolver un saque, es como encender un motor. Ese motor necesita pre calentarse antes de alcanzar su potencia máxima. La mejor forma de lograr que su cuerpo esté listo para devolver un servicio es mover sus pies. Dando pequeños saltos, alternando saltos cortos o saltos de soga, son todos un buen punto de comienzo.

Lo peor que puede hacer para devolver un saque es quedarse parado sobre sus pies planos para asegurarse que está sobre sus dedos o al menos sobre la punta de sus pies.

Adelántese en su devolución de saque para convertir su cuerpo en una pared movible sobre la cual la pelota golpeará cuando usted golpee la pelota.

Dar pasos separados y moverse alrededor antes de devolver un servicio es lo mejor que puede hacer y definitivamente lo ayudará a devolver más saques sin importar qué tan fuerte o con cuánto efecto vengan.

CONSEJO#7: Precaliente bien antes del partido para comenzar exitosamente

Arrancar con impulso hace una gran diferencia en el mundo y especialmente en los resultados de los primeros sets.

La mayoría de la gente realiza un precalentamiento muy suave que incluye: estirarse, anunciarse al director del torneo o al referí, saludar amigos, y luego dirigirse hacia la cancha para comenzar el partido.

La forma correcta de pre calentar antes de un partido sería:

- Realizar estiramiento dinámico durante 15 minutos (o más tiempo si siente que lo necesita) para preparar todo el cuerpo.
- Correr alrededor de la cancha algunas veces hacia adelante, de costado, y hacia atrás para soltar sus pies y piernas.

- Trate de mantener una suave práctica con alguien con quien se sienta cómodo.

  Asegúrese de practicar todos los tiros que considere que usará en contra de su oponente. Los golpes básicos que siempre debería practicar antes del partido son: golpe delantero, golpe reverso, pelotas altas y saque. Los golpes más avanzados que pueden practicarse en el precalentamiento son: golpe delantero y reverso angular, pelota dejada, rebote bajo, rebote alto, globo, etc.

- Realice un suave precalentamiento con bandas si ha estado utilizando bandas como parte de su entrenamiento pero si no lo ha hecho antes, no comience antes del partido.

- Revise su bolso para asegurarse que tiene algo para beber, empuñaduras extra, toallas, una remera extra, medias extra, un refrigerio saludable, etc.

CONSEJO#8: Elongue después de cada partido para estar listo para su próximo oponente

Luego de ganar su partido, probablemente deba jugar un segundo partido dentro de las siguientes 48 horas, lo que significa que cuanto más distendido esté, mejor se desempeñará en los partidos siguientes.

Aprenda a hacerlo como parte de su rutina, sin importar cuáles fueron los resultados del partido, siempre debe elongar después de jugar un partido.

A veces, si gana puede que decida festejar y saltear el elongamiento porque ha ganado y no necesita elongar. Otras veces puede perder y entonces decide ni siquiera molestarte en elongar ya que ha perdido el partido y ahora no importa ya que no tiene otro oponente hoy, mañana o en toda la semana.

La correcta forma de abordar este hábito es comprender que mejorar jugando al tenis requiere constante entrenamiento que no tiene que ocurrir en un día o en una semana. Lleva tiempo desarrollar lentamente su juego y para conseguirlo debe asegurarse de que todas las piezas del rompecabezas sean trabajadas tan seguido como se pueda. Una de las piezas más importantes del rompecabezas incluye su sistema general de movilidad que supone lograr más agilidad y flexibilidad. El mejor momento para hacer estiramiento es cuando ha precalentado y ha transpirado. Por eso debería hacerlo después de sus partidos.

CONSEJO#9: Trabaje cada punto del partido, especialmente los primeros puntos de cada juego

Alguna vez se ha preguntado cuál es el punto más importante del partido? Bueno, es cada uno de ellos ya que todos valen lo mismo. Sólo tiene que acumular los suficientes para ganar el partido.

Algunos puntos importan más debido al puntaje o al momento en que son jugados.

Para comenzar con ventaja en todos sus partidos de tenis, priorice trabajar extra duro en los primeros puntos de cada juego para comenzar anotando en todos y cada uno de los juegos.

Las posibilidades siempre estarán a su favor cuando comience ganando los primeros puntos de cada juego y especialmente luego de ganar el primer set. Se dice que la mayoría de la gente que gana el primer set, gana el partido un 70% de las veces, lo que demuestra la importancia de ganar el primer set y conseguirlo desde el primer punto en adelante.

Muchas veces, comenzar con un 15-0 o 30-0 de ventaja en cada juego le da a su oponente un límite mental que no puede negar y se rendirá al pensar que está lejos de conseguir el punto. Esto se verá muchas veces reflejado en tontos errores involuntarios o en puntos agresivos.

Trabaje cada punto del partido y verá que hace maravillas para su juego y se sorprenderá con puntos ganados que no esperaba.

CONSEJO#10: Cierre los partidos decisivamente antes de que sea muy tarde

Tiene problemas para ganar? Bueno, tal vez sea porque no hace lo más necesario para ganar un partido de tenis. Ciérrelo! Termínelo!!

Lo más difícil en un partido de tenis, muchas veces es cerrarlo. Si no puede cerrar un partido, nunca ganará partidos ni torneos. La verdad es que se aprende mucho de las derrotas pero aprenderá a disfrutar del juego cuando gane.

Ganar y cerrar un partido es importante así que revisemos algunas cosas importantes para hacer cuando tiene la oportunidad de cerrar un partido.

Primero, piense en lo que ha estado haciendo para ganar puntos en el partido ya que probablemente tenga una mayor chance de ganar haciendo lo mismo que hizo allí.

Segundo, no deje que su cuerpo se enfríe. Manténgase en movimiento y su cabeza en alto sin importar cuán cansado esté.

Tercero, manténgase positivo! Si su oponente lanza un tiro imposible y no pudo hacer nada al respecto, no se estrese ni se desaliente. Cuántos tiros imposibles seguidos cree que puede lanzar? No los suficientes para mantenerle lejos de ganar el punto del partido.

Cuarto, aprenda a no apresurarse en el punto que gana el partido. La mayoría de los errores y malas decisiones ocurren cuando uno se apresura. Tómese su tiempo y haga las cosas a su paso, aún cuando su oponente se queje de que va muy lento.

Por último, aprenda a transferir la presión hacia su oponente atrayéndolo a la red y obligándolo a hacer una volea o simplemente pasándolo. Los globos o pelotas sobre la cabeza son tiros odiados que transmiten presión.

También puede correr hacia la red sobre su lado más débil y forzarlo a que le pasen en lugar de jugar seguro.

CONSEJO#11: Manténgase positivo sin importar el resultado o situación del partido

Perder un punto, o dos, o inclusive un juego entero no es razón suficiente para derrochar el resto del set o del partido debido a la negatividad.

Muy frecuentemente veo a los jóvenes jugadores perder puntos importantes o un set y luego desperdiciar el siguiente set. Esta pérdida de temperamento o paciencia necesita ser corregida con pensamientos positivos y convicción de que aún tienen una buena chance de ganar el partido.

Más y más seguido los jugadores de tenis profesionales contratan psicólogos deportivos para que los ayuden con su dureza mental simplemente porque entienden cuán significativo puede ser este aspecto en su juego. La mayoría de las veces los atletas profesionales son enseñados a mantenerse positivos bajo situaciones de presión. Sin importar de donde provenga la presión.

Algunas de las mejores maneras de entrenarse para mantenerse positivo son:

- Escriba en un palito "mantente positivo" o "no te rindas" o "sigue luchando" y péguelo en la parte interna de su raqueta donde pueda verlo. El interior del cuello de la raqueta justo arriba de la empuñadura, suele ser el mejor lugar. Esto le ayudará a recordar lo que necesita hacer.
- Mantenga una imagen positiva de si mismo. Como se lleva a si mismo reflejará cómo le ve su oponente y ellos deberían verle con: la cabeza en alto, los hombros hacia atrás, moviendo sus pies, la espalda derecha, etc.
- En el cambio de lado, ponga su toalla sobre su cabeza y olvídese de todo y simplemente respire. Una vez que deje la toalla y se ponga de pie, debe reflejar la imagen de un campeón como si ya hubiera ganado el partido.

CONSEJO#12: Use su mente para ganar más partidos y desarrolle su fuerza mental

El músculo más importante de su cuerpo es usualmente el menos utilizado pero no debería ser así.

Su cerebro puede ser su gran aliado o su peor enemigo. Saber cómo usarlo puede beneficiar a cada jugador en cada nivel. Debe aprender a mejorar su enfoque, concentración, calma, proceso de pensamiento y mantenerse positivo.

Intente estas técnicas:

- Utilice frases positivas como: tú puedes hacerlo, sigue así, ahora es tu oportunidad, haz un buen saque, sigue corriendo, un punto más, y mantén tu cabeza en alto.
- Use lenguaje corporal positivo para programar su cerebro hacia el éxito.
- Mantenga su mente y sus ojos en la pelota y en su cancha solamente.

- Trabaje más en consistencia ya que es una de las mejores formas de aumentar su capacidad de concentración y enfoque. Ganar un punto es bueno pero para ganar el partido se requiere más de un punto.
- Respire entre medio de cada punto, durante los puntos y en los cambios de lado. No mantenga la respiración ya que su cerebro necesita oxígeno para trabajar y mantenerse focalizado.
- Practique entrenamiento visual para ayudar a sus ojos a mantenerse enfocados en la pelota.
- Realice algunos ejercicios de visualización previas al partido para ayudarle a prepararse para lo que necesita hacer en la cancha más tarde o al día siguiente. Para algunas personas, esto es increíblemente poderoso, así que inténtalo. Visualice el partido, los puntos y los golpes que quiere hacer en su mente así su cuerpo sabrá que hacer.
- Buena suerte en sus partidos. Este libro le ayudará a ganar más partidos.

MÁS TÍTULOS POR JOSEPH CORREA

Programa de entrenamiento de Saque fuerte de tenis

Este DVD le enseñará cómo realizar saques 10-20mph más rápidos con un programa de 3 meses, día a día. El mejor programa de entrenamiento de saques en el mercado. El video incluye un cuadro de entrenamiento de 3 meses y un manual paso a paso. Este DVD le muestra cómo hacer los ejercicios correctamente y el proceso que debería seguir para lograr el éxito en el programa.

Joseph Correa es un tenista profesional y entrenador que ha competido y enseñado por todo el mundo torneos ITF y ATP por varios años. Además de ser un tenista profesional posee la certificación de entrenador profesional de USPTR y la certificación ITF para entrenar niños.

Las 33 leyes del tenis

Las 33 leyes del tenis es un libro repleto de conceptos valiosos del tenis que le ayudarán a ser un mejor y bien preparado tenista. Escrito por un tenista profesional y entrenador de los Estados Unidos. Es un libro muy útil que será de gran ayuda cuando menos lo esperas y le recordará muchas pequeñas pero importantes cosas antes de competir.

Trabajo de pies y cardio para el tenis por Joseph Correa

Joseph Correa es un tenista profesional y entrenador que ha competido y enseñado por todo el mundo torneos ITF y ATP por varios años. Además de ser un tenista profesional posee la certificación de entrenador profesional de USPTR y la certificación ITF para entrenar niños.

Póngase en forma y mejore su movilidad dentro y fuera de la cancha de tenis. Su trabajo de pies mejorará drásticamente, asimismo reforzará su centro y cuerpo superior. Este es definitivamente valioso para un jugador de tenis sin importar su nivel. Será más rápido, más fuerte y más ágil en la cancha. También notará un incremento en la aceleración de sus golpes de piso y sus saques. Creado por un tenista profesional para otros jugadores para que avancen en su juego y ganen más partidos.

Tenis Yoga por Joseph Correa

Tenis Yoga por Joseph Correa es una gran forma de mejorar su flexibilidad y agilidad en la cancha. Alcance más pelotas y sufra menos lesiones. Es una gran manera de ganar más al trabajar en una parte diferente de su juego. El DVD dura aproximadamente 30 minutos. Utilizado por tenistas principiantes y profesionales para mejorar su juego y durar más en los partidos. Esta es la mejor manera para que un tenista sea más flexible y se libere de las más comunes lesiones de espalda, rodilla, hombros, tendones, pantorrilla y cuádriceps. Se alegrará de empezar! Esta es una versión mejorada de nuestra MBS Tenis Yoga 2012.

Abs del tenis por Joseph Correa

Los Abs del tenis es una gran forma de reforzar su centro para saques, golpes derechos y reveses más poderosos, así también como voleas más fuertes. Los abdominales son fundamentales para un juego mejor. Este DVD trabaja con varios tipos de ejercicios, sentadillas, y abdominales laterales y también ejercicios para la espalda que no encontrará en ningún otro video de abdominales. ¡Siéntase con gran confianza cuando se cambia la camiseta durante su partido y golpee la pelota más fuerte!

www.ingramcontent.com/pod-product-compliance
Lightning Source LLC
Chambersburg PA
CBHW052123070526
44586CB00016B/2052